D1715740

Yellow Umbrella Books are published by Capstone Press,
151 Good Counsel Drive, P.O. Box 669, Mankato, Minnesota 56002.
www.capstonepress.com

Copyright © 2005 by Capstone Press. All rights reserved.
No part of this publication may be reproduced in whole or in part, or stored in a retrieval
system, or transmitted in any form or by any means, electronic, mechanical, photocopying,
recording, or otherwise, without written permission of the publisher.
For information regarding permission, write to Capstone Press,
151 Good Counsel Drive, P.O. Box 669, Dept. R, Mankato, Minnesota 56002.
Printed in the United States of America

Library of Congress Cataloging-in-Publication Data
Martin, Elena, 1949-
   [Look at both sides. Spanish]
   Mira los dos lados / por Elena Martin.
   p. cm.—(Yellow Umbrella: Mathematics - Spanish)
   Includes index.
   ISBN 0-7368-4154-7 (hardcover)
   1. Symmetry—Juvenile literature. I. Title.
Q172.5.S95M3718 2005
516'.15—dc22   2004055258

Summary: Simple text and photographs introduce the concept of symmetry as displayed
by familiar creatures and objects.

Editorial Credits
Editorial Director: Mary Lindeen
Editor: Jennifer VanVoorst
Photo Researcher: Wanda Winch
Developer: Raindrop Publishing
Adapted Translations: Gloria Ramos
Spanish Language Consultants: Jesús Cervantes, Anita Constantino
Conversion Editor: Roberta Basel

Photo Credits
Cover: Ian Cartwright/Photodisc; Title Page: PhotoLink/Photodisc; Page 2: Gary
Sundermeyer/Capstone Press; Page 2 (background): Royalty-Free/Corbis; Page 3:
DigitalVision; Page 4: Corel; Page 5: Corel; Page 6: Ryan McVay/Photodisc; Page 7: Ryan
McVay/Photodisc; Page 8: Royalty-Free/Corbis; Page 9: Andersen Ross/Brand X Pictures;
Page 10: DigitalVision; Page 11: Comstock; Page 12: Joe Zeller/River Trading Post; Page 13:
Richard C. Walters/Visuals Unlimited; Page 14: SWP Inc./Brand X Pictures; Page 15:
Andersen Ross/Brand X Pictures; Page 16: Creatas

1 2 3 4 5 6 10 09 08 07 06 05

Mira los dos lados

por Elena Martin

Consultants: David Olson, Director of Undergraduate Studies, and
Tamara Olson, Ph.D., Associate Professor, Department of
Mathematical Sciences, Michigan Technological University

Yellow Umbrella Books

Mathematics - Spanish

CPL CD

an imprint of Capstone Press
Mankato, Minnesota

Simetría

Casi todas las cosas que ves
tienen diferentes lados. Pueden
tener lados izquierdos y derechos.
Pueden también tener lados
por arriba y por abajo.

Las cosas que tienen dos lados
iguales tienen simetría.
¡Busquemos simetría!

Buscando simetría

Esta mariposa tiene simetría.
Mira sus alas.
Mira los dos lados.

Mira las formas.
Mira los tamaños.
Mira los colores, también.
¡Los dos lados son iguales!

Mira esta casa. Mira el lado
izquierdo. Mira el lado derecho.
Mira los dos lados.

Esta casa tiene simetría, también. ¡Los dos lados de la casa son iguales!

¿Dónde más podemos encontrar
simetría? Mira esta hoja.
¿Se ve el lado izquierdo
igual que el lado derecho?

Este perro tiene simetría, también. ¡Mira los dos lados!

¿Tiene simetría esta cometa?
No tiene simetría porque
los dos lados no son iguales.

Pero, esta cometa sí tiene simetría. ¡Mira los dos lados!

El patrón de esta alfombra tiene simetría. Las partes por arriba y por abajo son iguales.

Este copo de nieve tiene simetría,
también. El lado izquierdo
y el lado derecho son iguales.
¡El lado de arriba y el lado
de abajo son iguales, también.

13

Hasta la gente tiene simetría.
El lado izquierdo de tu cuerpo
es igual que el lado derecho.

14

Tienes un brazo y una pierna en cada lado.

Tu cara tiene simetría, también.
¡Pero, a veces los dos lados
no son exáctamente iguales!

Glosario/Índice

(la) cometa—juguete de tela o papel colocado en un armazón plano y ligero, que se hace volar mediante una larga cuerda; páginas 10, 11

(el) copo de nieve—pequeña masa de hielo que cae cuando nieve; página 13

diferente—que no es igual; página 2

(la) forma—figura y aspecto exterior de la materia; página 5

igual—que no difiere de otro por su naturaleza, cantidad o calidad; páginas 3, 5, 7, 8, 10, 12, 13, 14, 16

(el) patrón—orden repetido de colores y formas; página 12

(la) simetría—armonía de posición de las partes o puntos similares unos respecto de otros, y con referencia a punto, línea o plano determinado; páginas 3, 4, 7, 8, 9, 10, 11, 12, 13, 14, 16

Word Count: 225
Early-Intervention Level: 11